Lady V

Sklavenerziehung in einer Femdom-Fernbeziehung

Ideensammlung für Aufgaben & Strafen

AF176167

Sklavenerziehung in einer Femdom-Fernbeziehung

Ideensammlung für Aufgaben & Strafen

Lady V

Bibliografische Information der Deutschen Nationalbibliothek: Die Deutsche Nationalbibliothek verzeichnet diese Publikation in der Deutschen Nationalbibliografie; detaillierte bibliografische Daten sind im Internet über dnb.dnb.de abrufbar.

Herstellung und Verlag: BoD – Books on Demand, Norderstedt

ISBN 9783753422497

Inhalt

1 Für wen ist dieses Buch?

Diese kleine Ideensammlung richtet sich an Frauen, die an dem Thema BDSM interessiert sind und ihren Sklaven auch gerne aus der Ferne dominieren möchten. Dieses Buch ist für Einsteigerinnen gut geeignet, die noch wenig eigene Erfahrungen sammeln konnten und sich in der Ideensammlung inspirieren lassen wollen. Aber auch Leserinnen mit etwas mehr Erfahrung können hier und da vielleicht etwas für sie Neues entdecken und in ihr Spiel miteinbauen.

Die gesammelten Aufgaben und Strafen sollen in erster Linie als Inspiration dienen und können nach Herzenslust abgeändert und angepasst werden, so dass sie zu eurer Femdom-Sub-Beziehung passen. Also traut euch, probiert euch aus und schaut was euch und eurem Partner gefällt!

2   Begriffsdefinitionen

Zu Beginn werden im folgenden Kapitel die Schlüsselbegriffe dieses Buches definiert. Was bedeutet BDSM, was versteht man unter Femdom und wie funktioniert das überhaupt in einer Fernbeziehung?

2.1   BDSM

Die Abkürzung BDSM steht im Englischen für „bondage and discipline, dominance and submission, sadism and masochism". Übersetzt bedeutet das „Fesseln und Disziplin, Dominanz und Unterwerfung, Sadismus und Masochismus".

Unter Sadismus wird das sexuelle Verlangen verstanden, einer anderen Person Schmerzen zuzufügen bzw. sie zu demütigen. Während Masochismus die sexuelle Lust beschreibt, Schmerzen zugefügt zu bekommen und/oder Demütigung zu ertragen.

Die BDSM Palette hat unglaublich viele Farben und Facetten. Bei allen gilt jedoch: Sex wird hier zum Spiel mit der Macht. Dabei gibt es meist einen devoten – unterwürfigen – Part, den Sub oder Bottom genannt, der freiwillig seine Macht abgibt und sich vollständig in die Hände des dominanten Gegenparts – des Dom oder der Femdom, auch Top genannt – begibt.

Die Zeit, in der ihr aktiv eure BDSM Beziehung auslebt, wird „Session" genannt. Bei der Session handelt es sich um ein komplexes erotisches Rollenspiel. Dabei kann es auch zum Geschlechtsverkehr kommen, muss es aber nicht.

In jeglicher BDSM Beziehung gilt das Gebot: "safe, sane and consensual", was so viel heißt, wie: sicher, bei klarem Verstand und einvernehmlich. Die Einvernehmlichkeit ist dabei ein sehr wichtiger Punkt. Daher ist es unumgänglich, die individuellen Grenzen der Beteiligten im Vorfeld klar zu kommunizieren. Ein Sklavenvertrag kann hierbei sehr hilfreich sein. Dort wird unter anderem aufgeschrieben, was für den unterwürfigen oder den dominanten Part totale No-Go's sind. Das kann bei dem Einen Kitzeln, oder Schlagen sein, bei der Anderen vielleicht Klinik-Spiele oder das Einbeziehen anderer Personen. Egal was die individuellen Grenzen sind, es ist wichtig, dass in einer Dom- bzw Femdom-Sub-Beziehung darüber gesprochen wird. Da es beim BDSM auch um das Austesten von Grenzen und das Sammeln neuer Erfahrungen geht, können sich die Grenzen mit der Zeit auch verschieben.

Für den Notfall sollte im Vorfeld am besten ein sogenanntes „Safeword" ausgemacht werden. Fällt dieses Signalwort, wird sofort unterbrochen. Worte wie „Nein" oder „Stopp" sind hierfür nicht gut geeignet, da solche Ausrufe manchmal auch zum Rollenspiel gehören. Einige Paare nutzen stattdessen Farben: Benutzt eine Person beispielswese das Wort „rot" bedeutet das so viel wie „Stopp, bis hier her und nicht weiter" und die Handlung muss sofort abgebrochen werden. Wird das Wort „gelb" benutzt, kann das so viel heißen wie „bitte schalte einen Gang runter". Bei der Wahl eures Safewords sind eurer Kreativität keine Grenzen gesetzt.

2.2   Femdom – die weibliche Herrschaft

Während Männer in der dominanten Rolle den meisten Frauen schon allein körperlich überlegen sind, spielt Kraft und Körperbau bei der weiblichen Herrschaft, beim Femdom, keine Rolle. Vielmehr steht hierbei die Vorstellung der Frau als sexuell überlegenes Geschöpf im Mittelpunkt. Und als solches, wirst du von deinem Sklaven auch verehrt. Die Befriedigung deiner Bedürfnisse hat oberste Priorität und du hast im Spiel die alleinige Kontrolle, schreibst also quasi das Drehbuch und führst noch dazu Regie. Das klingt erst mal sehr verführerisch, kann aber auch viel Arbeit bedeuten. Immer für den Ablauf der Session verantwortlich zu sein und sich ständig neue Aufgaben und Strafen einfallen zu lassen, damit es euch beiden auch nicht langweilig wird, kann auf Dauer auch ganz schön anstrengend sein. Hierbei kann der Austausch in Foren oder auf BDSM-Treffs sehr hilfreich sein. Aber auch Bücher wie dieses hier, können der eigenen Kreativität ein bisschen auf die Sprünge helfen.

Ein weiterer wichtiger Punkt ist die Sicherheit. Zur Kontrolle gehört Verantwortung. Als dominanter Part hast du auch für die Sicherheit deines Subs zu sorgen. Das kann ganz praktisch aussehen, in dem du beim Fesseln zum Beispiel darauf achtest, dass keine Körperteile abgeschnürt werden, oder du deinen Sub auf andere Weise in physische Gefahr bringst. Aber du musst nicht nur auf das physische, sondern auch auf das psychische Wohl deines Partners achten. So kann es sein, dass ihn eine Aufgabe, eine Strafe oder Demütigung sehr mitnimmt und beschäftigt. An dieser Stelle sind offene Gespräche unausweichlich. Du musst deinen Sub auffangen, wenn er sich in einem Tief befindet. Je besser ihr einander kennt und desto offener ihr miteinander redet, desto besser wird dir das gelingen.

2.3 Fernbeziehung

In fast allen Beziehungen gibt es Phasen, in denen sich die Partner nicht am gleichen Ort befinden und sich für eine gewisse Zeit nicht, nur sehr unregelmäßig oder selten, treffen können.

Zwar gibt es in unserer heutigen Zeit dank Smartphones und Internet die Möglichkeit, sich jederzeit zu schreiben und – wenn auch nur digital – zu sehen, auf längere Sicht kann diese Distanz jedoch für viele zu einer echten Zerreiß-Probe werden, da der körperliche Kontakt einfach fehlt.

Auch in BDSM Beziehungen spielt der Körperkontakt, das gegenseitige Berühren bzw. das Spiel mit dem Körper des jeweils anderen eine wichtige Rolle. Was in Dom- bzw. Femdom-Sub-Beziehungen aber noch viel mehr Bedeutung hat, ist das Spiel mit der Macht und der Unterwerfung. Und das geht glücklicherweise auch ganz ohne anfassen – das kann das Ganze manchmal sogar noch reizvoller machen. Es gilt auch hier: bei der Wahl der Aufgaben und Strafen sind der Fantasie keine Grenzen gesetzt. Manchmal kann es aber durchaus schwer sein, sich immer wieder Aufgaben und Bestrafungen einfallen zu lassen, wenn man will, dass die Sessions immer abwechslungsreich und für beide interessant sind. Deswegen also dieser Ratgeber. Er soll dir – als Herrin – eine Inspirationsquelle sein und dir ein paar Möglichkeiten aufzeigen, wie BDSM auch aus der Ferne Spaß machen kann. Denn in der Distanz liegt für viele auch ein gewisser Reiz: Die körperliche

Berührung ist schlicht und einfach im Moment nicht möglich, wird aber so herbeigesehnt, dass man bereit ist, so ziemlich alles zu tun um in irgendeiner Form das Bedürfnis nach Nähe und Kontakt zu befriedigen.

Durch Hilfsmittel wie Facetime, Skype oder Zoom könnt ihr euch immerhin sehen, was bei manchen der beschriebenen Aufgaben auch wichtig ist, bzw. durchaus Sinn macht, um z.B. die korrekte Ausführung einer Aufgabe oder Strafe zu kontrollieren.

Mittlerweile gibt es auch diverse Sexspielzeuge, die auch bei sehr großen Distanzen problemlos über Apps bedienbar sind. Ob das für euch eine tolle Ergänzung sein kann, müsst ihr selbst entscheiden.

3 Ideensammlung

In der folgenden Ideensammlung findest du insgesamt 50 verschiedene Aufgaben, und 33 Strafen, die du deinem Sklaven problemlos aus der Ferne stellen kannst. Die Aufgaben wurden dabei grob unterteilt in die Kategorien „Allgemein", „Petplay" und „Feminisierung". Diese Unterteilung macht insofern Sinn, als dass die beiden Spielarten „Petplay" und „Feminisierung" etwas genauer vorgestellt werden können, da sie zwar recht verbreitete Facetten des BDSM darstellen, aber trotzdem nicht unbedingt was für jeden sind. Neben „Petplay" und „Feminisierung" gibt es noch viele, viele weitere Spielarten, die aber den Rahmen dieser Ideensammlung – die sich in erster Linie an Einsteiger richtet – sprengen würden.

Die ein oder andere Aufgabe bzw. Strafe birgt ein gewisses Risiko. Wenn dem so sein sollte, sind die möglichen Risiken unter der Aufgabe bzw. Strafe vermerkt.

Die Aufgaben und Strafen sind als Anregung zu verstehen und können je nach Vorliebe individuell angepasst und erweitert werden. Die Einteilung in Aufgaben und Strafen ist auch nicht verpflichtend, manche Aufgaben eignen sich auch sehr gut als Strafen und umgekehrt. Ihr solltet nur diejenigen Aufgaben oder Strafen ausführen, bei denen ihr euch wohl fühlt und die ihr technisch kontrollieren könnt. Diese Ideensammlung dient nicht als Aufforderung, die Aufgaben bzw. Strafen durchzuführen. Du und dein Partner entscheidet allein darüber ob, und wenn ja, was ihr ausprobieren wollt.

Ich wünsche euch viel Spaß beim Lesen und Experimentieren!

3.1   Allgemein

Im ersten Abschnitt der Aufgabensammlung werden recht allgemeine Ideen vorgestellt. Allgemein in dem Sinne, dass auf keinen besonderen „Kink" also Fetisch näher eingegangen wird, wie das z.B. beim „Petplay" der Fall ist. In diesem ersten Abschnitt spielen zum Teil Demütigung, Schmerz oder Unterhaltung eine wichtige Rolle. Also mach dir selbst einen Eindruck und fang an dich auszuprobieren!

1. Regeln

Es macht Sinn, zu Beginn einer BDSM-Fernbeziehung über das Thema Regeln zu sprechen. So hat dein Sklave quasi dauernd gewisse Aufgaben zu erledigen, die nebenher laufen müssen. Stelle also Regeln auf, die während deiner Abwesenheit gelten. Das kann zum Beispiel sein, dass der Klodeckel immer zugeklappt sein muss, dass strenge Ordnung gehalten werden muss, oder dass dein Sklave stets glatt rasiert zu sein hat. Ob er diese Regeln auch befolgt, kontrollierst du durch unangekündigte Videoanrufe und lässt dich in der Wohnung herumführen. Bei Regelverstoß erfolgt eine dann eine Bestrafung. Ideen dafür findest du im hinteren Teil dieses Buches im Abschnitt „Strafen".

2. Altar

Diese Aufgabe macht besonders dann Sinn, wenn ihr für längere Zeit, oder immer wieder getrennt voneinander seid. Du bist für deinen Sklaven seine Herrin, sein Glück, seine Erlösung, seine Göttin. Also warum solltest du nicht auch so behandelt werden? Lass deinen Sklaven einen Altar für dich aufbauen. So ein Altar kann überall stehen und ganz individuell gestaltet werden. Vielleicht hat dein Sklave Platz in einer Vitrine oder auf einem Regalbrett? Vielleicht hat er es lieber diskreter und bewahrt ihn in einer Kiste auf? Das Zentrum des Altars sollte in jedem Fall etwas sein, dass dein Sklave eng mit dir in Verbindung bringt. Das kann ein Bild von dir sein, ein Höschen, eine Peitsche oder euer Sklavenvertrag, ganz egal. Vielleicht stellt er noch ein paar Kerzen, Blumen oder Muscheln dazu um die Sache abzurunden.

Dieser Altar steht stellvertretend für dich. Und dein Sklave hat von nun an jeden Morgen und jeden Abend eine bestimmte Zeit damit zu verbringen, dir zu huldigen. Das kann sein, in dem er intensiv an dich denkt, sich vor den Altar kniet und demütig schweigt, oder dich anbetet.

3. Mantra überlegen

Wenn dir die Idee gefällt, dass dein Sklave dich jeden Morgen und Abend anbetet, dann lass ihn sich doch ein Gebet bzw. ein Mantra überlegen, das er sich immer ins Gedächtnis ruft und auf Kommando aufsagen kann. Dieses Mantra sollte ihn daran erinnern, wo seine Stellung in dieser Beziehung ist. Es kann aber auch eine Art Lobpreisung an dich, als seine Herrin sein, in der er all deine Vorzüge hervorhebt und seine Dankbarkeit ausdrückt, dir dienen zu dürfen. Wie lang das Mantra ist, bestimmst natürlich du.

4. Tagebuch

Lass deinen Sklaven Tagebuch führen. Besonders bei einer Fernbeziehung macht das Führen eines Tagebuchs Sinn. Darin kann dein Sklave alles Mögliche reinschreiben, was du ihm befiehlst. Das können zum Beispiel seine versauten Fantasien, seine Gefühle bei der Erfüllung von Aufgaben oder Strafen sein, oder du lässt ihn dokumentieren, wann er gegen die Regeln verstoßen hat. Am Ende des Tages hat dein Sklave dir aus dem Tagebuch vorzulesen.

Du kannst natürlich selbst ebenfalls ein Tagebuch führen. Dort kannst du deine eigenen Ideen für Aufgaben und Strafen eintragen, deine Gefühle, die du bei eurer letzten Session hattest, oder deine eigenen Fantasien. Ob du den Inhalt deines Tagebuchs mit deinem Sklaven teilst, bleibt dir überlassen.

5. Tägliches Penisbild

Dein Sklave hat dir über eine gewisse Zeit – vielleicht ja auch für die gesamte Dauer eurer Fernbeziehung – ein tägliches Penisbild zu schicken. Dabei muss sein Penis natürlich im erigierten Zustand sein. Bei dieser Aufgabe kannst du von vornherein eine Uhrzeit festlegen, zu der du das Foto geschickt bekommen willst. Oder aber du verlangst etwas mehr Spontanität von deinem Sklaven und schickst ihm, wann immer dir gerade der Sinn danach steht, eine Nachricht, dass er dir ein Foto schicken soll. Du kannst ihm dabei eine bestimmte Zeit vorgeben, in der er dir zu antworten hat. Das können zum Beispiel 15 Minuten sein oder eine halbe Stunde, das bleibt dir überlassen. Falls er in der vorgegebenen Zeit nicht antwortet, erwartet ihn eine Bestrafung …

6. Erotische Geschichte schreiben lassen

Eine gute Möglichkeit die Kreativität deines Sklaven zu trainieren ist es, ihn eine erotische Geschichte schreiben zu lassen. Dabei kannst du den Fokus so legen, wie du es möchtest: Soll er über etwas schreiben, was ihn erregt? Auf diese Art bekommst du einen Einblick über seine schmutzigen Fantasien und kannst Ideen für eine mögliche Belohnung sammeln. Oder soll er sich ein bisschen mehr anstrengen und eine Geschichte schreiben, von der er denkt, dass sie dich geil macht? Und wer weiß, wenn er seine Aufgabe gut macht, bekommst du vielleicht gleich Lust dich selbst zu verwöhnen…

Als Sahnehäubchen kannst du deinen Sklaven auch befehlen, dir die Geschichte vorzulesen. Vielleicht ja auch während du dich dabei anfasst…?

7. Den Tag im Peniskäfig verbringen

Dein Sklave kann einfach nicht die Finger von sich lassen und braucht dringend eine Lektion in Keuschhaltung? Ein Peniskäfig ist dafür die ideale Methode. Peniskäfige gibt es aus unterschiedlichen Materialien, Größen, Farben und Formen. Am besten ihr recherchiert gemeinsam, welches Modell am meisten Sinn für euch macht. Gerade auch wenn der Käfig über längere Zeit getragen werden soll, ist es wichtig, dass dein Sklave auch darin pinkeln kann und sich dabei auch nicht jedes Mal vollkommen einsaut… Es sei denn ihr steht darauf.

Das Schöne an dieser Aufgabe ist, dass dein Sklave deine Macht über ihn, die ganze Zeit zu spüren bekommt. Was ihn erregt, aber gleichzeitig frustriert, da er sich ja nicht so anfassen kann, wie er gerne möchte…

8. Wohnung putzen

Du kannst deinen Sklaven natürlich auch für ganz praktische Alltagsaufgaben benutzen. Wenn zum Beispiel die Wohnung vor deiner Rückkehr auf Vordermann gebracht werden muss, dann lass ihn doch einfach einen Tag Putzfee spielen. Besonders unterhaltsam wird es, wenn du ihn die Putzarbeit in einem Sissy*-Outfit ausführen lässt, zum Beispiel in knappem Höschen, Strumpfhosen, Kleidchen oder Röckchen und ihn mit Videoanrufen zwischendurch kontrollierst.

*Das Wort „Sissy" wird weiter hinten im Buch, im Kapitel „Feminisierung" nochmal genauer erklärt.

9. Was auf die Ohren

Bei dieser Aufgabe darf dein Sklave seinen Lieblingssong hören.

Allerdings muss er ihn immer wieder in Dauerschleife hören… so lange, wie du es ihm befiehlst. Irgendwann wird ihm der Song zum Hals raus hängen. Wenn das geschafft ist – vielleicht so nach 50 Wiederholungen – ist der nächste Lieblingssong dran.

10. Trainieren gehen

Selbstverständlich möchtest du, dass dein Eigentum immer in Topform ist und auch genügend Ausdauer für deine Spielideen hat. Und vielleicht neigt dein Sklave ja sogar schon zu einem kleinen Fettpölsterchen? Dann schick ihn doch einfach trainieren. Ganz egal ob Fitnessstudio, Joggen gehen oder vielleicht auch die Teilnahme an einem Sportkurs, wie Kickboxen, Taekwondo oder Crossfit, deiner Fantasie sind keine Grenzen gesetzt.

Über die Trainingseinheiten und -erfolge kannst du deinen Sklaven Buch führen lassen, sodass du ihn einfacher kontrollieren kannst, wenn dir danach ist.

11. Filmeabend

Bei dieser Aufgabe darf dein Sklave sich Porno-
filme anschauen. Aber natürlich nur die, die du
im Vorfeld ausgesucht hast. Hier kannst du auch
ein bisschen gemein werden und Filme auswäh-
len, die dein Sklave sich nicht selbst aussuchen
würde. Je nach Vorliebe können das zum Beispiel Schwulenpornos, Pornos mit älteren Menschen, oder vielleicht mit stark über- oder un-
tergewichtiges DarstellerInnen sein. Dann
kannst du ihm befehlen, sich einen Film davon
auszusuchen, und ihn bis zum Schluss anzu-
schauen. Dabei muss er dann natürlich auch
kommen…

12. Ein Bild für die Herrin malen

Lass dir von deinem Sklaven ein Bild malen. Dabei kannst du ihm ein Motiv vorgeben, oder ihm freie Wahl lassen. Vielleicht lässt du ihn ein Porträt von dir anfertigen und wenn es nicht gut genug geworden ist, wird er natürlich bestraft.

Die Materialien kannst du auch im Vorfeld schon festlegen. Zum Beispiel ob er mit Wasserfarben, Fingerfarben, Kreide, Fineliner, Aquarell oder Wachsmalstiften arbeiten soll.

Eine Alternative zum Portrait könnte auch eine Tonfigur sein. Dafür muss sich dein Sklave Ton besorgen, den er dann z.B. zu einer Büste von dir formt, die er sich dann auf seinen Altar stellen kann.

Natürlich gibt es noch sehr viel mehr Möglichkeiten, wie dein Sklave sich künstlerisch für dich austoben kann. Vielleicht ist dir ja selbst auch schon eine Idee gekommen?

13. Bodypainting mal anders

Ein Sklave bekommt von seiner Herrin so einige Erniedrigungen und Beleidigungen zu hören. Damit er diese auch nicht vergisst, während ihr getrennt seid, lass ihn alle Beschimpfungen und Demütigungen auf seinen Körper schreiben. Am besten er nimmt einen wasserlöslichen Stift. So, voll mit Beleidigungen versehen, muss er dann den Tag verbringen. Immer, wenn er an einem Spiegel vorbeiläuft und sich selbst betrachtet, wird er an dich denken müssen.

Die Schrift kann dabei an solche Stellen gesetzt werden, die von außen nicht erkennbar sind, oder aber du demütigst ihn noch ein bisschen mehr und befiehlst ihm, auch die Hände, das Gesicht oder die Arme zu beschriften.

14. Tattoo

Diese Aufgabe ist etwas extremer als die meisten anderen, da ein Tattoo bekanntlich nicht nur vorübergehend, sondern eben für immer das Erscheinungsbild verändert. Daher muss auch diese Idee im Vorfeld gut besprochen werden und ist nur dann eine Option, wenn dein Sklave auch wirklich damit einverstanden ist.

Wenn dem so sein sollte, dann ist ein Tattoo eine tolle Möglichkeit, eine Verbundenheit – auch auf Distanz – herzustellen. Dein Sklave wird jedes Mal, wenn er das Tattoo sieht, an dich und an seine Untergebenheit dir gegenüber denken müssen. Das Motiv bestimmst natürlich du und auch die Körperstelle kannst du dir aussuchen (Natürlich gilt auch hier wieder: Alles nur mit vorheriger Absprache).

Wenn du möchtest, kannst du dir parallel auch ein Tattoo stechen lassen, dass ebenfalls auf eure Partnerschaft anspielt. Das kann zum Beispiel für dich ein Schlüssel und für deinen Partner ein kleines Schloss sein. Egal für was ihr euch entscheidet, seid euch der Tragweite eurer Entscheidung bewusst und handelt hierbei am besten nicht aus einer Laune heraus.

15. Lustiges Penisbild

Eine der Hauptaufgaben eines Sklaven ist es, das Leben seiner Herrin zu versüßen. Dazu gehört natürlich auch Unterhaltung. Also lass deinen Sklaven doch zu deiner Belustigung ein witziges Penisbild kreieren. Wieder sind deiner bzw. seiner Fantasie keine Grenzen gesetzt. Er könnte zum Beispiel einen Elefantenkopf drumherum zeichnen, seinem Penis einen lustigen Hut aufsetzen, oder sonst irgendetwas tun, das dich zum Lachen bringt. Hat er seine Aufgabe erfüllt, gut. Wenn nicht, droht eine Bestrafung.

16. Auf Kommando kommen

Heute darf dein Sklave kommen. Aber du bestimmst wann. Diese Aufgabe lässt sich am besten über einen Video Anruf durchführen, da du dabei immer ganz genau siehst, was dein Sklave gerade treibt. Vielleicht willst du ihm nur zuschauen, wie er sich selbst zum Höhepunkt bringt, vielleicht willst du dich dabei auch selbst anfassen, das bleibt ganz dir überlassen. Hauptsache, er kommt nicht ohne Erlaubnis. Dabei ist es hilfreich, wenn er dir Bescheid gibt, wenn er kurz davor ist zu kommen. So kannst du auf der Stelle intervenieren und ihm befehlen aufzuhören. Dieses Spiel kannst du so lange treiben, wie es dir gefällt. Am Ende erlöst du ihn dann – oder auch nicht …

17. Unsinnige Sklavenarbeit

Manchmal muss ein Sklave auch einfach nur beschäftigt werden. Die Aufgaben, die du ihm erteilst, müssen nicht immer einen Zweck erfüllen, sondern sollen zum Beispiel nur dafür sorgen, dass dein Sklave merkt, wie unbedeutend und nutzlos er ohne dich ist. Solch eine unsinnige Sklavenarbeit kann beispielsweise sein, ihn 100 Mal den gleichen Satz aufschreiben zu lassen – selbstverständlich von Hand in Schönschrift. Im Anschluss muss er dir sein Werk präsentieren. Bei Fehlern wird er bestraft. Am Ende muss er seine Arbeit dann zerreißen, wegwerfen oder verbrennen. So wird ihm nochmal sehr deutlich gezeigt, dass allein du darüber entscheidest, was von Bedeutung und was unwichtig ist.

18. Gentleman

Dein Sklave muss einen Tag lang ein wahrer Gentleman sein. Und zwar zu allen Frauen, denen er begegnet. Das beinhaltet Türen auf halten, Frauen den Vortritt lassen und natürlich zu jederzeit freundlich und zuvorkommend sein. Das gilt natürlich auch gegenüber seiner Herrin. Daher sollte er sich überlegen, wie er dir heute den Tag versüßen kann.

19. Der „Ja" -Sager

Heute muss dein Sklave zu allem „Ja" sagen. Egal wer ihn um etwas bittet, oder ihn etwas fragt, seine Antwort lautet „Ja". Diese Aufgabe kannst du selbstverständlich auch für dich ausnutzen. Zum Beispiel um dich über deinen Sklaven lustig zu machen, mit Fragen wie: Hast du den kleinsten Penis der Welt? Bist du eine Niete im Bett? Wärst du gern eine Frau? Stehst du drauf, mit Männern zu schlafen?

Oder du nutzt die Aufgabe zu deinem Vorteil: Willst du mir eine neue Tasche kaufen? Lädst du mich nächste Woche zum Essen ein?

Deiner Fantasie sind keine Grenzen gesetzt…

20. „Ficksklave"

Damit deinem Sklaven wieder ins Gedächtnis gerufen wird, wo sein Platz und wozu er überhaupt nützlich ist, soll er sich mit einem (wasserlöslichen) Stift das Wort „Ficksklave" quer über den Po schreiben. Das ist gar nicht so einfach, aber er wird es schon irgendwie schaffen. Anschließend soll er dir ein Beweisbild schicken.

21. Gedicht verfassen

Heute muss dein Sklave mal wieder seine Kreativität unter Beweis stellen. Er soll sich ein Gedicht über seine Herrin überlegen und aufschreiben. Damit das Gedicht nicht zu kurz wird, solltest du ihm ein paar Vorgaben geben, zum Beispiel wie viele Verse das Gedicht haben muss, oder welche Reimform angewendet werden soll. Vielleicht gibst du ihm auch ein paar Worte vor, die er auf jeden Fall einbauen muss. Sein fertiges Werk hat er dir dann selbstverständlich auswendig vorzutragen.

22. Tanzeinlage

Wenn du dich mal wieder auf Kosten deines Sklaven amüsieren möchtest, dann ist diese Aufgabe perfekt geeignet. Du wählst ein Lied aus und dein Sklave muss sich dazu eine Choreografie überlegen, welche er in einer bestimmten Zeit – das können ein paar Stunden sein, oder aber auch mehrere Tage – zu üben und auswendig zu lernen hat. Nach Ablauf der Zeit muss er dir die Show selbstverständlich vortanzen. Vielleicht befiehlst du ihm dazu noch ein lächerliches Kostüm zu tragen. Du wirst dich sicherlich blendend amüsieren.

23. Ein Tag ohne Unterwäsche

Verbiete deinem Sklaven am heutigen Tag Unterwäsche zu tragen. Das wird für ihn sehr unangenehm, vor allem, wenn du ihn über den Tag hinweg immer wieder kontaktierst und ihn zum Beispiel mit Fotos oder anzüglichen Nachrichten den Kopf verdrehst. So ganz ohne Unterwäsche lässt sich eine Erektion in der Öffentlichkeit nur schwer verstecken …

24. Orgasmus Challenge

Heute darf dein Sklave wieder kommen. Aber du bestimmst, wie oft. Du kannst zum Beispiel vorgeben, dass er innerhalb von einer Stunde 4 Mal kommen muss und dir jedes Mal ein Beweisbild zu schicken hat. Je nachdem wie leicht es ihm fällt, kannst du den vorgegebenen Zeitraum, sowie die Anzahl, wie oft er kommen muss, variieren, damit er auch wirklich herausgefordert wird.

25. Shopping für die Herrin

Du wolltest dir schon länger einen neuen Vibrator kaufen? Dann ist das jetzt die Gelegenheit dafür! Schicke deinen Sklaven mit deiner Wunschliste in ein Erotikfachgeschäft – online einkaufen ist verboten. Im Laden muss er sich beraten lassen. Um die Aufgabe noch lustiger zu machen, kannst du ihm Fragen vorgeben, die er zu stellen hat. Zum Beispiel könntest du ihn fragen lassen, ob der Vibrator auch für 2 Männer geeignet ist, oder ob man den Penisring auch benutzen kann, wenn man nur einen sehr kleinen Penis hat, etc. Im Anschluss hat er dir natürlich genaustens Bericht zu erstatten.

26. Stilles Örtchen

Dein Sklave hat das nächste Mal, wenn er im Zug unterwegs ist, die Toilette im Abteil zu benutzen. Diese darf er jedoch nicht abschließen und muss aber eine festgelegte Zeit darin verbringen. Das können zum Beispiel 3 Minuten sein. Hierbei besteht die Gefahr, dass jemand anderes die Türe öffnet, während er gerade die Hosen runtergelassen hat. Das kann deinen Sklaven in eine sehr peinliche und unangenehme Situation bringen, über die er dir im Anschluss wieder haargenau berichten muss.

27. Kopfkino

Dein Sklave hat einen Tag lang darüber Buch zu führen, wann und wie oft er an seine Herrin denkt. Er muss dabei Uhrzeit, Ort, was er in dem Moment gerade getan hat und woran genau er gedacht hat notieren und entweder in sein Tagebuch eintragen, oder direkt an dich schicken.

28. Ausmisten

Als seine Herrin hast du nicht nur Macht über deinen Sklaven, sondern auch über seinen Kleiderschrank. Durch die Kontrolle seiner Kleidung kannst du ganz leicht auch aus der Ferne deine Macht ausüben. Lass dir den Kleiderschrank deines Sklaven zeigen und sage ihm, was er davon wegwerfen und was er behalten soll.

Du kannst die Aufgabe auch weiterführen und beispielsweise eine Woche bestimmen, was dein Sklave anzuziehen hat. Gebe ihm deine Wunschoutfits vor und kontrolliere am nächsten Tag, ob er auch tatsächlich das trägt, was du ihm befohlen hast.

Auf diese Weise nimmst du deinem Sklaven die Möglichkeit sich über seine Kleidung auszudrücken. Stattdessen hat er sich deinem Willen zu fügen und sich dir unterzuordnen. Jedes Mal wenn er an sich herunterschaut oder in den Spiegel blickt, wird er an dich denken müssen.

29. Fortbildung

Der Sklave ist nicht gut darin, dich oral zu befriedigen? Dann lass ihn Artikel, Bücher oder Blogbeiträge zu dem Thema lesen und Erklärvideos anschauen, damit er sich bis zum nächsten Treffen weiterbilden kann. Vielleicht kann er dir vorher schon zeigen, was er gelernt hat, indem er es dir an einer aufgeschnittenen Melone oder einem Pfirsich demonstriert.

Bei eurem nächsten Wiedersehen, kann er dann sein neues Wissen unter Beweis stellen. Bist du mit seiner Leistung zufrieden? Gut. Wenn nicht, muss dein Sklave bestraft werden.

30. Blaskünste

Anstatt seine Leckfähigkeiten zu verbessern, kannst du deinem Sklaven auch auftragen zu lernen, wie man richtig bläst. Das lässt sich ideal an einer Banane, einer Karotte oder auch mit einer Gurke üben. Er soll dir ein Video von sich schicken, wie er die Banane mit seinem Mund verwöhnt. Du kannst seine Vorstellung im Anschluss auf einer Skala von 1 – sehr schlecht – bis 10 – hervorragend – bewerten. Wenn du nicht zufrieden mit ihm bist, muss er wohl noch weiter üben.

Damit sich das ganze für deinen Sklaven noch etwas „echter" anfühlt, kannst du ihm auch auftragen, sich einen lebensechten Dildo zuzulegen. Einen Dildo in den Mund zu nehmen, der auch wirklich so aussieht wie ein echter Penis, ist für viele Männer nochmal eine andere Nummer, als an einer Banane zu lutschen…

31. Schreiben üben

Bei dieser Aufgabe benötigt dein Sklave einen weichen Bleistift oder einen Faserschreiber. Dier Stift wird dann vorsichtig anal eingeführt. Anschließend hat dein Sklave damit etwas auf ein Blatt Papier zu schreiben. Das kann zum Beispiel dein Name sein oder irgendetwas anderes was dir gerade so einfällt.

Vom Ergebnis hat er dir dann ein Bild zu schicken. Alternativ kannst du ihm aber auch befehlen, sich dabei zu filmen oder du schaust ihm live per Video-Telefonat dabei zu. Er wird feststellen, dass die Aufgabe gar nicht so einfach zu erfüllen ist …

32. Recherche

Du musst etwas für die Arbeit, das Studium, die Schule oder einfach nur aus Interesse recherchieren, hast aber keine Lust Stunden auf unterschiedlichen Websites oder in Bibliotheken zu verbringen? Lass die Drecksarbeit einfach von deinem Sklaven erledigen. Gib ihm eine bestimmte Zeit vor, in der er die Aufgabe zu erledigen hat. Im Anschluss hat er dir sein Ergebnis als Textform zu schicken. Außerdem kannst du ihm befehlen, dir die Ergebnisse in einer Präsentation vorzutragen. Dafür eignet sich ein Video-Anruf, bei dem er mit dir z.B. seine PowerPoint-Folien durchgeht oder dir sein selbstgebasteltes Plakat vorstellt. Die Präsentation kannst du im Anschluss mit Schulnoten bewerten.

33. Produkte vergleichen

Du willst dir ein neues Handy, einen neuen Laptop oder ein neues Sofa kaufen, hast aber keine Lust online die Preise zu vergleichen und nach dem besten Angebot zu suchen? Lass deinen Sklaven die Fleißarbeit erledigen. Gib ihm wieder eine bestimmte Zeit vor, in der er die Aufgabe zu erledigen hat. Hier bietet es sich an, deinen Sklaven im Vorfeld möglichst genau mitzuteilen, was du dir von dem Produkt wünschst und was dir besonders wichtig ist. Am besten gibst du ihm auch ein Budget vor, an dem er sich orientieren kann. Dann soll er sich an die Arbeit machen und 3-4 Produkte finden, die deinen Vorgaben entsprechen. Diese hat er dann gegenüberzustellen und miteinander zu vergleichen. Am Ende hat er dir ein Fazit zu schreiben. Nach Ablauf der Zeit, muss er dir seine Arbeit wieder schicken oder aber mündlich präsentieren. Am Ende entscheidest selbstverständlich du, ob du eines der von ihm vorgeschlagenen Produkte tatsächlich kaufen möchtest.

34. Einladung zum Kaffee

Du trinkst morgens gerne Kaffee, oder holst dir von deinem Stammbäcker immer eine Brezel vor der Arbeit? Lass dich doch von deinem Sklaven einladen. Er soll dir jeden Morgen das Geld für einen Kaffee/eine Brezel/etc. überweisen. Am besten noch mit einer unterwürfigen Nachricht im Betreff, in der er dir seine Dankbarkeit ausdrückt, dir täglich dienen zu dürfen.

Für viele Sklaven ist es ein sehr befreiendes Gefühl, wenn sie ihr Geld an ihre Herrin abtreten können. So geben sie ihrer Herrin die Macht über einen weiteren Bereich ihres Lebens. Diese finanzielle Domination – FinDom genannt – ist eine ganz eigene Facette im BDSM Universum und würde hier den Rahmen sprengen. Es lohnt sich aber durchaus, auch diesen Bereich des BDSM mal näher zu betrachten.

35. Forum

Falls er noch keinen Account hat, soll sich dein Sklave in einem BDSM Forum registrieren. In diesem hat er dann über seine Aufgaben zu berichten und aufzuschreiben, wie es sich für ihn angefühlt hat, die Aufgaben seiner Herrin zu erledigen. Gegebenenfalls könnt ihr auch das Forum für die Kontrolle der Aufgaben nutzen, indem du ihm befiehlst, dort beispielsweise die Beweisbilder hochzuladen.

Auf diese Weise wird dein Sklave gezwungen, sich nicht nur dir, als seiner Herrin, gegenüber zu öffnen, sondern auch andere Menschen an seinen sexuellen Fantasien teilhaben zu lassen. Das kann aufregend, befreiend und hilfreich, aber vielleicht auch manchmal peinlich und unangenehm sein, so offen über die privatesten Dinge zu sprechen.

36. Diät halten

Vielleicht würde es deinem Sklaven gut tun, ein paar Kilos zu verlieren und sich besser zu ernähren. Als seine Herrin, kannst du ihn auch in seinem Essverhalten kontrollieren. So kannst du ihm beispielsweise vorschreiben nur eine bestimmte Anzahl an Kalorien zu sich zu nehmen, oder auch Zucker, Alkohol oder Fleisch zu verzichten. Dein Sklave soll, über eine von dir vorgeschriebene Zeit, Buch darüber führen, was er am Tag gegessen hat und auch sein Gewicht notieren. Wenn du danach verlangst, muss er dir aus dem Buch vorlesen. Bei Regelverstößen wird er selbstverständlich bestraft.

Risiken: Hier geht es nicht darum, deinen Sklaven verhungern zu lassen. Also bitte nicht übertreiben und im „gesunden" Bereich bleiben.

37. Hodengewicht

Bei dieser Aufgabe geht es darum, dass dein Sklave sich ein oder mehrere Gewichte an die Hoden binden muss. Bei der Wahl der Gewichte könnt ihr euch von Alltagsgegenständen inspirieren lassen und beispielsweise mit Sand gefüllte Stoffsäckchen oder einen mit Wasser gefüllten Wassereimer benutzen.

Um das Gewicht an den Hoden zu befestigen, muss eine Schnur mehrfach um beide Hoden gewickelt werden. Dann macht man sie mit 2 Knoten fest und befestigt das andere Ende der Schnur an dem Gewicht. Achtet darauf, dass die Schnur nicht zu lang ist, da das Gewicht frei schweben sollte, wenn dein Sklave aufrecht steht.

Nun kannst du ihm befehlen dir ein paar Fotos von seinem „Gehänge" zu schicken. Beachte dabei: Je mehr Fotos er machen muss, desto größer ist auch der Schmerzreiz.

Risiken: Wenn es nicht übertrieben wird, bestehen hier keine Risiken.

38. Schuhe putzen

Diese Aufgabe soll deinem Sklaven wieder zeigen, wo sein Platz ist. Lass ihn alle Schuhe im Haus – seine und auch deine, falls ihr zusammenwohnt – haargenau putzen. Es soll im Anschluss kein Fleck mehr zu sehen sein. Lass dir das Ergebnis am Ende zeigen und entscheide dann, ob er seine Aufgabe zu deiner Zufriedenheit erledigt hat.

39. Yoga Kurs

Diese Aufgabe hat wieder etwas mit öffentlicher Demütigung zu tun. Vielen Männern ist es unangenehm, wenn sie „typisch weibliche" Aktivitäten ausführen und das auch noch vor anderen Menschen. Dieses peinliche Gefühl kannst du zu deiner Belustigung nutzen. Schicke deinen Sklaven doch einfach mal zu einem Yoga Kurs. Diese Kurse sind meist vor allem von Frauen besucht und bringen die meisten Männer in eine unangenehme Situation. Alternativ kannst du ihn auch ins Pilates, ins Zumba, zum Tanzen oder zu einem Aerobic Kurs schicken. Im Anschluss hat er dir selbstverständlich haargenau Bericht zu erstatten.

40. Striptease

Bei dieser Aufgabe muss dein Sklave für dich vor der Kamera einen Striptease ablegen.

Lass ihn sich vorher ein paar sexy Klamotten anziehen und passende Musik aussuchen. Alternativ kannst du natürlich auch die Kleidung sowie die Musik vorgeben.

Während eines Video-Telefonats hat er vor der Kamera erotisch für dich zu strippen. Als Hilfsmittel kann er sich zum Beispiel einen Stuhl oder eine Couch nehmen oder auch Tücher oder ähnliches.

Als Höhepunkt kannst du deinem Sklaven befehlen, sich vor dir selbst zum Höhepunkt zu bringen.

41. Mit Analplug einkaufen gehen

Heute hat dein Sklave sich einen Analplug einzuführen. Dann schickst du ihn einkaufen, ohne
vorher den Plug zu entfernen. Im Anschluss hat
er dir davon zu berichten, wie es sich angefühlt
hat, so „ausgefüllt" einkaufen zu gehen.

Für den extra Kick kannst du dabei auch mit deinem Sklaven telefonieren und ihm beispielsweise immer wieder befehlen sich zu bücken,
oder ihn fragen, ob er es genießt so ausgefüllt
zu sein, während er in der Öffentlichkeit unterwegs ist.

42. Windeln/Slipeinlagen tragen und sich anpinkeln

Bei dieser Aufgabe muss dein Sklave zunächst Erwachsenenwindeln organisieren. Wenn er diese angeschafft hat, dann hat er die Windel anzuziehen und muss das nächste Mal wenn er pinkeln muss, einfach das Wasser laufen lassen und in die Windel pinkeln. Anschließend hat er die Windel weiterhin zu tragen, bis du ihm erlaubst, sie auszuziehen und gegebenenfalls eine frische anzuziehen. Du kannst deinem Sklaven auch befehlen einen ganzen Tag in der Windel zu verbringen. Und immer wenn seine Blase drückt, dann hat er dich vorher zu fragen, ob er die Toilette benutzen darf. Vielleicht bist du gnädig und lässt ihn das WC benutzen, oder aber du befiehlst ihm, sich in die Windel zu machen. Vielleicht bist du auch beschäftigt und bekommst nicht immer mit wenn er dir schreibt. Dann hat er, wenn er es nicht länger aushält, gar keine andere Möglichkeit als sich irgendwann in die Windel zu erleichtern.

3.2   Petplay

Beim Petplay spielen – anders als der Name vielleicht vermuten lässt – echte Tiere keine Rolle. Dieser Fetisch wird zwischen menschlichen Erwachsenen, egal welchen Geschlechts, ausgelebt. Hierbei geht es auch wieder um Macht und Kontrolle sowie die Abgabe genau davon. Der eine Partner bzw. die eine Partnerin übernimmt die Rolle des Herrchens oder Frauchens und der unterwürfige Part schlüpft in die Rolle eines Tieres. Welches Tier ist dabei völlig egal. Weit verbreitet sind zum Beispiel, dass der oder die Sub in die Rolle eines Pferdes, einer Katze oder eines Hundes schlüpft. In dieser Rolle übernimmt er oder sie dann die „typischen" Eigenschaften dieses Tieres. Das kann z.B. das Hufeklappern eines Pferdes sein, das Schnurren und schleichen einer Katze oder das Bellen oder Betteln eines Hundes sein. Um noch besser in die Rolle zu finden und den Fetisch im Alltag besser ausleben zu können, gibt es auch spezielle Accessoires wie Masken mit Tierohren, Halsbänder mit Hundeleinen oder auch Analdildos mit Pferdeschweifen, die man sich zulegen kann. Aber auch Gebrauchsgegenstände wie ein Hundekörbchen, ein Napf oder ein Kratzbaum können im Spiel einen gewissen Reiz ausmachen.

Der dominante Part hat dann die Aufgabe sein Haustier zu erziehen oder eben einfach so zu behandeln, wie ein echtes Tier. Das kann das gemeinsame auf der Couch liegen sein, während die Katze auf dem Schoß des Herrchens liegt und gekrault wird, das Füttern aus einem Napf oder das Spazierengehen an einer Leine.

Für manche bietet das Petplay einen besonderen Reiz, da sie sich in der Rolle des Tieres nochmal auf eine ganz andere Art und Weise fallen lassen und einfach abschalten können. Alle Sorgen und stressbelasteten Gedanken verschwinden für eine gewisse Zeit und sie müssen sich um nichts kümmern. All das übernimmt das Herrchen bzw. das Frauchen.

In diesem Buch soll nur mal zum Einstieg das Thema Hundeerziehung angeschnitten werden. Natürlich gibt es noch sehr viel mehr Möglichkeiten diesen Fetisch auszuleben. Darüber lässt sich aber auch schon wieder ein eigenes Buch schreiben und das Thema würde daher den Ramen dieses kleinen Ratgebers sprengen.

43. Hündchen-Alter-Ego

Zum Einstieg in das Thema Petplay kann eine erste Aufgabe sein, dass sich dein Sklave eine „Hunde-Identität" überlegen soll. Das könnt ihr natürlich auch zusammen machen. Zu einer Identität als Hund gehört selbstverständlich ein Hundename, mit dem du ihn dann ansprechen kannst. Außerdem kann er sich überlegen, welche Rasse er sein möchte - das kann eine echte Hunderasse oder eine Phantasie-Rasse sein – wie groß er sein möchte und welche Farbe sein Fell hat, ob er irgendwelche bestimmten Eigenschaften als Hund hat usw.

Die Schaffung eines „Hündchen-Charakters" kann auch schon viel Spaß machen und kann helfen, sich besser auf das Spiel einzulassen.

Am besten macht sich dein Sklave Notizen über sein „Hündchen-Alter-Ego" in seinem Tagebuch, damit er sich diese immer wieder durchlesen kann und so den Charakter des Hundes besser kennenlernen und gegebenenfalls ergänzen kann.

44. Halsband

Ein Halsband oder einen Ring um den Hals sind ein beliebtes Accessoire in der BDSM-Scene. Und besonders im Petplay sehr passend. Du kannst dir ein Halsband aussuchen, das du gerne an deinem Sklaven sehen möchtest. Hier gibt es eine sehr große Auswahl und du kannst dich im Internet inspirieren lassen. Dabei solltest du dir im Vorfeld überlegen, wie auffällig das Halsband sein soll. Möchtest du, dass dein Sklave es auch (mehr oder weniger unbemerkt) in der Öffentlichkeit tragen kann? Oder soll er es nur Zuhause während eurer Sessions oder wenn er unbeobachtet ist anziehen? Diese Fragen sind sehr wichtig.

Alternativ kannst du natürlich auch einfach 2 verschiedene Halsbänder aussuchen: Ein unauffälliges, das dein Sklave ohne Probleme in der Öffentlichkeit tragen und ein auffälligeres, dass er im Privaten anziehen kann. Habt ihr nun ein Halsband besorgt, kannst du deinem Sklaven zu jederzeit befehlen es anzulegen. Das kann zuhause sein, während er sich etwas kocht oder putzt, oder vielleicht auch während der Arbeit (hier empfiehlt sich dann das eher unauffällige Halsband).

Dein Sklave wird, immer wenn er das Halsband trägt, seine Untergebenheit und deine Macht über ihn spüren. Es ist ein Zeichen des Besitzes. Er ist dein Eigentum.

45. Hundeschule

Über Video Anrufe lässt sich dein Sklave ideal erziehen. Du kannst mit ihm einfache Befehle wie „Sitz", „Platz", „Mach Männchen", „Bring" oder „Mach Laut" üben. Was die Befehle für euer Spiel bedeuten sollen, kannst du selbst entscheiden. Selbstverständlich kannst du dir auch noch viele andere Befehle ausdenken. Besprich mit deinem Sklaven ganz genau, was du bei welchem Befehl von ihm erwartest. So hat er beispielsweise bei „Sitz" auf den Fersen zu knien, die Hände auf die Oberschenkel abzulegen, sodass die Handinnenseite nach oben zeigt und den Kopf gesenkt zu halten. Achte beim Üben darauf, dass dein Sklave sich genau an die Vorgaben hält. Korrigiere ihn falls nötig und bestrafe ihn, wenn er sich nicht genug anstrengt.

Du kannst jedes Mal zusammen mit deinem Sklaven die Befehle üben. Parallel kannst du deinem Sklaven aber auch auftragen, selbstständig zu trainieren, damit er besser wird. Hier hilft wieder das Tagebuch, um zu kontrollieren, ob dein Sklave auch tatsächlich ohne dich übt.

46. Napf

Schicke deinen Sklaven los, um einen Hunden-
apf zu kaufen. Dieser sollte groß genug für seinen Kopf sein. Nun kannst du ihm befehlen, dass
er von nun an alle Mahlzeiten, aus dem Napf zu
essen hat. Du kannst die Aufgabe natürlich auch
langsam steigern, in dem er erst eine Mahlzeit
pro Tag aus dem Napf essen muss, dann zwei,
dann drei. Die Aufgabe kann auch insofern gesteigert werden, dass er zwar aus dem Napf essen muss, aber zunächst trotzdem noch Messer
und Gabel verwenden darf. Dann nach einer
Weile hat er unter dem Tisch, wie ein Hund aus
dem Napf zu (fr)essen.

3.3 Feminisierung

Unter dem Begriff Feminisierung wird im Bereich des BDSM ein erotisches Rollenspiel verstanden, in dem ein Mann in die Rolle einer Frau schlüpft. Die Feminisierung kann z.B. durch Kleidung oder bestimmtes „frauentypisches" Verhalten erfolgen.

In einer Femdom-Sub-Beziehung kann die Feminisierung auch erzwungen werden, im Englischen spricht man dann von der sogenannten „forced feminization". Die Herrin demütigt ihren Sklaven dadurch, dass sie ihn Damendessous, Kleidchen oder Stöckelschuhe tragen lässt, oder auch indem sie ihm befiehlt, sich zu schminken. Männliche Sklaven, die in eine weibliche Rolle schlüpfen bzw. gesteckt werden, werden auch als „Sissys" bezeichnet.

Dieser Fetisch kann – wie alle anderen auch – nur in den privaten vier Wänden praktiziert werden, oder aber auch in die Öffentlichkeit getragen werden. Dies kann mehr oder weniger offensichtlich gemacht werden, z.B. in dem ein Damenhöschen getragen wird, was in der Öffentlichkeit aber niemand mitbekommt, bis hin zu offensichtlichen Accessoires wie Kleidchen und hohen Schuhen und darin einkaufen gehen.

Wie du siehst ist die Bandbreite sehr groß und auch hier kann man ein ganzes Buch nur über den einen Fetisch schreiben. Daher sollen hier nur mal ein paar Ideen aufgegriffen werden, um zu zeigen, wie dieser Fetisch in einer BDSM-Fernbeziehung ausgelebt werden kann.

47. Das besondere Accessoire

Vielleicht steht dein Sklave ja darauf sich Damenkleidung anzuziehen? Selbst wenn nicht, ist es eine super Möglichkeit ihn zu demütigen. Falls er noch kein Höschen oder eine Strumpfhose oder dergleichen besitzt, solltest du ihn zunächst einkaufen schicken. Schon der Besuch eines Dessous Geschäfts kann für manche Männer sehr unangenehm sein... Alternativ kannst du ihn aber auch eins deiner Höschen tragen lassen. Dann kannst du ihm befehlen dieses Accessoire so lange zu tragen, wie du möchtest. Das kann durchaus auch den ganzen Tag sein. Auf diese Weise spürt er die ganze Zeit, dass du die alleinige Macht über ihn hast.. und das wird ihn wahnsinnig machen. Je nachdem wie sehr du willst, dass dein Sklave in der Öffentlichkeit auffällt können die Accessoires auch offensichtlicher sein. Beispielsweise ein Ohrring, eine Damenhalskette, ein auffälliges Haargummi oder eine Damenhandtasche. Nach oben hin sind hierbei keine Grenzen gesetzt, also lass deiner Fantasie freien Lauf...

48. Maniküre

Schicke deinen Sklaven zunächst in ein Drogerie Geschäft. Dort soll er sich in der Beauty Abteilung einen Nagellack kaufen. Die Farbe bestimmst dabei natürlich du. Dann lass ihn sich anschließend die Nägel lackieren. Von seinem fertigen Werk soll er dir dann ein Beweisfoto schicken.

Um die ganze Sache für ihn noch unangenehmer zu machen, kannst du ihm auch befehlen lackierte Fingernägel bei der Arbeit, beim Einkaufen oder beim nächsten Treffen mit seinen Freunden zu tragen. Das bringt ihn mit Sicherheit in Erklärungsnot...

Hierbei können natürlich auch (nur) die Fußnägel lackiert werden. Dies ist nicht so auffällig, dein Sklave ist aber trotzdem „gebrandmarkt" und erinnert sich bei jedem Blick auf seine Füße daran, dass er dein Eigentum ist.

49. Beauty Challenge

Heute soll sich dein Sklave mal besonders schick machen. Falls er daheim keinen Zugang zu Make-Up hat, schicke ihn zunächst einkaufen. Wenn er beim Schminken völlig ahnungslos ist, dann kannst du ihm auch ein YouTube Tutorial schicken, an dem er sich dann orientieren soll. Von seinem fertigen Werk soll er dir dann selbstverständlich ein Bild schicken. Das Endresultat kannst du, wenn du Lust hast, auch mit Punkten bewerten. Wenn du zufrieden bist, gut. Wenn nicht, muss er eben nochmal ran, oder wird anderweitig bestraft…

50. Beinhaare entfernen

Um seine Beine weiblicher erscheinen zu lassen, muss sich dein Sklave seine Beinbehaarung loswerden. Das kann er entweder mit einem Rasierer erledigen, oder aber, du lässt ihn die Beinhaare mit Kaltwachsstreifen entfernen. Am besten, während du ihm dabei per Videoanruf zusiehst und dich über seine Schmerzen amüsieren kannst.

Risiken: Waxen kann sehr schmerzhaft sein und bei falscher Anwendung auch zu Verletzungen führen, deshalb Packungsbeilage genau durchlesen.

4 Strafen

Strafen sind einerseits eine Maßnahme, um deinen Sklaven zu erziehen, andererseits gehören sie aber auch zum erotischen Spiel. Diese beiden Facetten der Strafe zusammenzubringen ist manchmal gar nicht so einfach. Besonders bei der Sklavenerziehung aus der Ferne. Dabei gilt es, verschiedene Punkte zu beachten, damit die Strafe zwar den gewünschten Effekt erzielt, dabei aber trotzdem noch Teil des Spiels bleibt.

Ein Punkt ist zum Beispiel, dass du auf die Balance achtest. Einerseits sollte eine Strafe über eure üblichen BDSM-Praktiken und -Spielchen hinausgehen, da sie nur so den gewünschten Effekt bringt: Dein Sklave merkt, dass sein Verhalten falsch war und er es besser schnell ändern sollte. Andererseits solltest du die Bestrafung nicht als Ventil benutzen, um angestaute Wut oder Aggression rauszulassen. Diese Grenze sollte niemals überschritten werden.

Die Bandbreite der möglichen Strafen ist schier grenzenlos. Du solltest jedoch darauf achten, dass es sich für deinen Sklaven dabei auch wirklich um eine Bestrafung handelt und er die „Strafe" nicht in Wahrheit genießt und deshalb absichtlich gegen deine Regeln verstößt.

1. Reiskorn

Bei dieser Strafe hat dein Sklave eine Handvoll Reiskörner auf dem Boden zu verteilen und muss für eine bestimmte Zeit, zum Beispiel 5 Minuten, darauf knien. Das wird zuerst nicht so schlimm sein, aber je länger er knien muss, desto größer werden die Schmerzen und er wird sich wünschen, er hätte dich nicht enttäuscht…

Während er auf den Reiskörnern kniet, soll er sich über sein Fehlverhalten Gedanken machen. Du kannst ihm auch befehlen währenddessen immer wieder sein Mantra für seine Herrin aufzusagen. So prägen sich die Worte bestimmt gleich nochmal besser ein.

2. Reiszwecke

Dein Sklave hat 2 Reiszwecke in seiner Unterhose zu platzieren. Auf jede Po-Backe kommt
eine Reiszwecke. Diese muss mit der Spitze auf
der Haut aufliegen und kann auch mit Tesa befestigt werden. Nun muss er den ganzen Tag mit
den Reiszwecken in der Unterhose verbringen.
Das wird ihm, immer wenn er sich hinsetzt, einen Stich verpassen, wodurch er an dich und an
sein Fehlverhalten erinnert wird.

Risiken: Es besteht das Risiko, dass kleine Verletzungen entstehen.

3. Bett-Verbot

Als Strafe muss dein Sklave die heutige Nacht auf dem Boden verbringen und darf nicht im Bett schlafen. Je nachdem wie sehr du ihn bestrafen möchtest, kannst du ihm eine Decke und ein Kissen erlauben, oder eben nicht. Wenn er am nächsten Tag über Rückenschmerzen klagt, wird ihm das mit Sicherheit eine Lehre sein.

4. Sitz-Verbot

Du kannst deinen Sklaven auch bestrafen, indem du ihm für eine bestimmte Zeit verbietest, sich hinzusetzen. Stühle, Sofas, Sessel, alles ist für ihn tabu. Er hat für die von dir vorgegebene Zeit zu stehen. Vielleicht bist du sogar so gnädig und erlaubst ihm, auf dem Boden zu knien.

Diese Strafe eignet sich besonders gut, wenn du der Meinung bist, dass dein Sklave in letzter Zeit etwas zu faul war und nicht so viel für dich getan hat, wie er deiner Meinung nach eigentlich hätte tun können. So bestrafst du seinen trägen, faulen Charakter und sorgst dafür, dass er schön in Bewegung bleibt.

5. Handyverbot

Vielleicht war dein Sklave in letzter Zeit öfter mal durch sein Handy abgelenkt? Oder du weißt, dass er sehr an seinem Smartphone hängt und es nur ungern aus den Augen lässt. Dann ist diese Strafe ideal. Du verbietest deinem Sklaven für eine bestimmte Zeit, sein Handy zu benutzen. Das kann ein Wochenende, oder vielleicht auch noch ein paar Tage mehr sein.

Achtung: Je nachdem, wie wichtig die Erreichbarkeit deines Sklaven, beispielsweise für die Arbeit, ist, desto schwieriger ist die Umsetzung eines Verbots, das über mehrere Tage geht. Hier kannst du die Strafe aber auch variieren und beispielsweise nur ein Verbot für bestimmte Apps aussprechen. Besonders die sozialen Netzwerke bieten sich hierbei an. Viele Menschen verschwenden viel Zeit unnötiger Weise in sozialen Netzwerken, ohne dass es sie in irgendeiner Weise weiter bringt.

6. Wasch-Verbot

Mit dieser Strafe bringst du deinen Sklaven in eine ziemlich unangenehme Lage. Du verbietest ihm ganz einfach, sich für ein paar Tage unter den Armen zu waschen. Alternativ kannst du ihm auch ein Wasch-Verbot für den Intim-Bereich aussprechen.

Damit er sich noch ein bisschen unwohler fühlt, kannst du ihn zusätzlich auch noch trainieren schicken, damit er auch schön schwitzt und dadurch einen wirklich unangenehmen Geruch entwickelt. Er wird dich sicherlich schon nach kürzester Zeit um Erlösung bitten.

7. Masturbationsverbot aussprechen

Möglicherweise verbietest du deinem Sklaven generell sich in deiner Abwesenheit selbst zu befriedigen. Falls nicht, ist ein Masturbationsverbot eine gute Möglichkeit der Bestrafung. Wie lange das Verbot anhält, bestimmst allein du. Vielleicht eine Woche oder ein Monat? Seine Gefühle und Sehnsüchte in dieser Zeit, hat er selbstverständlich in sein Tagebuch einzutragen.

8. Fleckendebakel

Dein Sklave hat gegen das Masturbationsverbot verstoßen? Auch dieses Vergehen muss bestraft werden. Du kannst ihm befehlen, sich erneut selbst zu befriedigen und anschließend auf eine Hose oder ein T-Shirt abzuspritzen.

Mit diesen gut sichtbaren Spermaflecken hat dein Sklave anschließend eine Bar zu besuchen.

Es wird ihm mit Sicherheit sehr peinlich sein …

9. Analplug

Bei dieser Strafe hat dein Sklave sich einen Analplug einzuführen und muss sich anschließend selbst 10 Schläge auf den Po geben. Dazu kann er die Hand benutzen, oder eine Peitsche, ein Paddel, oder was es sonst noch so im Haushalt zu finden ist. Auch ein einfacher Kochlöffel kann den Zweck erfüllen. Während er sich selbst die Schläge verpasst, hat er laut mitzuzählen. Ansonsten darf er jedoch keine Geräusche von sich geben.

Alternativ kannst du ihm auch befehlen ein paar Übungen, zum Beispiel 30 Kniebeugen zu machen. Er hat dir ein Video davon zu schicken, wie er die Aufgabe erfüllt. Du kannst ihn aber genauso gut „live" per Video-Anruf bei der Ausführung der Strafe beobachten.

10. Ruined Orgasm

Diese Strafe lässt sich am besten während eines Video-Telefonats durchführen. Außerdem musst du deinen Sklaven und seinen Körper dafür schon relativ gut kennen. Erlaube deinem Sklaven zu masturbieren. Dabei spornst du ihn an und bringst ihn kurz vor den Orgasmus. Wenn es schon fast zu spät ist, befiehlst du ihm die Hände wegzunehmen. So hast du entweder knapp verhindert, dass er überhaupt ejakuliert, oder aber du ruinierst ihm den Orgasmus und er läuft einfach nur aus, ohne das gute Gefühl dabei. So oder so, eine gelungene Strafe.

Da bei dieser Strafe der Überraschungseffekt von großer Bedeutung ist, solltest du deinem Sklaven vorher nicht sagen, dass er bestraft wird. Ansonsten kann er sich – besonders wenn du ihm schon öfter einen Orgasmus ruiniert hast – schon darauf einstellen und dir geht dabei der halbe Spaß verloren.

11. In die Ecke stehen

Diese Strafe kennst du vielleicht aus der Kindererziehung. Wenn sich ein Kind nicht gut benommen hat, hat man ihm früher oft befohlen für eine gewisse Zeit in die Ecke zu stehen und sich zu schämen. Diese Demütigung ist ideal um deinen Sklaven zu bestrafen. Zwar funktioniert sie am besten, wenn du körperlich anwesend bist und er deine Blicke wirklich auf seinem Rücken spüren kann, es funktioniert aber auch über Video-Anrufe. Dabei befiehlst du ihm – am besten nackt oder nur im Höschen bekleidet – für eine gewisse Zeit in eine Ecke zu stehen, die du vom Computer aus gut im Blick haben kannst. Währenddessen kannst du dich über ihn lustig machen, wie erbärmlich er aussieht, wenn er so nackt in der Ecke steht, oder du erinnerst ihn an sein Vergehen und sagst ihm, wie sehr er dich enttäuscht hat. Wie lange er in der Ecke zu stehen hat, bestimmst allein du.

12. Gefülltes Kondom

Diese Strafe eignet sich besonders gut, wenn dein Sklave unerlaubter Weise abgespritzt hat.

Du befiehlst ihm, sich ein Kondom überzuziehen und es sich nochmal selbst zu besorgen. Wenn er fertig und das Kondom schön gefüllt ist, wird er den Wunsch haben, das Kondom gleich abzuziehen. Das darf er aber nicht. Das gefüllte Kondom muss nun so lange getragen werden, wie du es für richtig erachtest. Das kann auch bedeuten, dass er damit einkaufen oder zu Arbeit gehen muss. Das Gefühl wird mit Sicherheit nicht sehr angenehm sein und dein Sklave wird sich das nächste Mal hoffentlich zusammenreißen bevor er sich wieder selbst mit sich vergnügt.

13. Sperma sammeln

Für diese Strafe musst du deinen Sklaven zuerst kommen lassen. Idealerweise befiehlst du ihm schon währenddessen in ein Glas oder auf einen Löffel abzuspritzen. Im Anschluss hat dein Sklave sein Sperma dann zu schlucken. Je nachdem was du ihm befiehlst, muss er das in einem großen Schluck tun, schnell herunterschlucken oder zum Beispiel für 10 Sekunden im Mund behalten.

Alternativ kannst du ihm auch befehlen, seine nächste Mahlzeit damit zu „würzen". Anschließend kannst du ihm genüsslich dabei zusehen, wie er sein eigenes Sperma isst.

14. Kontaktverbot zur Herrin

Diese Strafe ist für viele Sklaven eine der härtesten. Also wenn dein Sklave etwas getan hat, was er unter keinen Umständen hätte tun sollen, oder wenn er sich in dreister Weise deinen Regeln widersetzt hat, dann ist diese Strafe ideal.

Für eine gewisse Zeit, zum Beispiel eine Woche, zeigst du ihm die kalte Schulter. Keine Nachrichten, keine Fotos und auch keine Anrufe. Nichts. Gleichzeitig kannst du ihm auch verbieten zu versuchen Kontakt mit dir aufzunehmen. Stattdessen hat er all seinen Frust in sein Tagebuch zu schreiben und dir nach Ablauf der Zeit dann vorzulesen. Du kannst dir sicher sein, nach dieser Strafe, wird sich dein Sklave noch viel mehr als sonst anstrengen, um dir zu gefallen.

15. Sich selbst mit dem Gürtel schlagen

Dein Sklave muss sich als Strafe selbst schlagen. Dieses Mal hat er dabei einen Gürtel zu verwenden. Du kannst ihm befehlen, sich nackt auszuziehen und den Gürtel dann immer wieder mit Kraft über die Schulter nach hinten zu werfen, so dass er auf dem Rücken oder dem Po aufkommt. Wie oft er sich damit schlagen muss, bestimmst du. Als Beweis hat er dir anschließend ein Foto seiner Hinterseite zu schicken, die mit Sicherheit ziemlich rot sein wird.

Während er sich schlägt kannst du ihm befehlen, laut sein Mantra über dich aufzusagen. So wird ihm sein Vergehen mit Sicherheit eine Lehre sein.

Risiken: keine, wenn man es nicht übertreibt.

16. Still gestanden

Bei dieser Strafe muss dein Sklave für eine bestimmte Zeit irgendwo still stehen bleiben. Beispiele für geeignete Orte sind:

- Barfuß im Schnee oder auf Eis
- Barfuß auf Tannennadeln oder picksenden Ästen
- Barfuß auf dem Asphalt, wenn es draußen warm ist (der dunkle Asphalt wärmt sich schnell auf und wird nach kurzer Zeit bereits sehr heiß an den Füßen)
- Barfuß auf ausgeschütteten Nägeln
- Barfuß auf Reiskörnern

Risiken: Es kann zu kleinen Verletzungen oder Blasen kommen also nicht übertreiben.

17. Öffentliches Bekenntnis

Dein Sklave hat gegen eine für dich wichtige Regel verstoßen und du willst ihm eine echte Lehre erteilen? Dann mach sein Vergehen öffentlich! Er hat ein mindestens DIN A4 großes Schild zu besorgen und muss auf dieses gut leserlich sein Vergehen aufschreiben. Das kann zum Beispiel sein:

„Ich habe vergessen den Klodeckel runterzuklappen"

„Ich bin schlecht im Bett"

„Ich kann nicht aufhören Schokolade zu essen"

Oder was auch immer dem jeweiligen Vergehen entspricht. Mit diesem Schild muss sich dein Sklave dann an einen möglichst öffentlichen Ort hinstellen und sich den Blicken fremder Personen aussetzen.

Wie lange er dort zu stehen hat, entscheidest du. Als Beweis muss er dir ein Foto von sich mit dem Schild schicken. Darauf muss erkennbar sein, dass er nicht alleine ist, z.B. indem man andere Menschen im Hintergrund erkennen kann.

Risiken: Erregung öffentlichen Ärgernisses

18. Schmutzige Unterhose Part 1

Erlaube deinen Sklaven zu kommen. Dabei hat er jedoch in seine Unterseite abzuspritzen. Anschließend hat er sie auszuziehen und sein Sperma aus der Unterhose zu lecken. Am besten kontrollierst du diese Aufgabe über einen Video-Anruf und lässt dir zeigen, ob er auch wirklich alles schön brav sauber geleckt hat.

Du kannst ihm auch befehlen, sich die schmutzige Unterhose in den Mund zu stecken und sie für eine gewisse Zeit lang drin zu behalten. Zum Beispiel so lange, bis sie vollkommen durchnässt ist.

19. Schmutzige Unterhose Part 2

Ähnlich wie bei der vorherigen Strafe, erlaubst du deinem Sklaven auch hier einen Orgasmus. Er hat dabei wieder in seine Unterhose abzuspritzen. Anstatt sie jedoch anschließend sauber zu lecken oder auszuziehen, muss er sie weiter tragen. Und zwar so lange, wie du es ihm befiehlst. Das kann für ein paar Stunden, für den restlichen Tag oder aber sogar über Nacht sein, das bestimmst allein du. Zum Beweis kannst du deinen Sklaven sporadisch überprüfen und ihm hin und wieder befehlen ein Foto zu schicken, wie er die schmutzige Unterhose trägt.

Sollte dich der Verschmutzungsgrad nicht zufriedenstellen, kannst du ihm auch befehlen ein zweites Mal in seine Unterhose abzuspritzen. Oder du lässt ihn einfach immer wieder kommen, sobald das alte Sperma getrocknet ist.

20. Sich selbst in den Mund spritzen

Eine weitere Möglichkeit, deinen Sklaven mit seinem eigenen Sperma zu „füttern" ist es, ihm zu befehlen, in einer bestimmten zu masturbieren, damit er sich sein Sperma beim Orgasmus in den Mund beziehungsweise ins Gesicht spritzt.

Am besten legt er sich zunächst auf den Rücken. Anschließend hat er seine Beine in Richtung seines Kopfes zu ziehen und den unteren Rücken anzuheben. Am Ende sollte er nur noch mit den Schultern am Boden/auf der Matratze liegen und seine Beine sollten sich über seinem Gesicht befinden. Sein Penis sollte dabei auf seinen Mund zielen. In dieser Position muss dein Sklave sich dann selbst befriedigen. Wenn du einen Beweis haben möchtest, lass ihn sich dabei filmen und dir das Video im Anschluss zuschicken.

21. Aschenputtel

Du kennst sicher auch das Märchen vom Aschenputtel. Im Märchen schütten ihre bösen Stiefschwestern Linsen, Erbsen und Bohnen auf dem Boden aus und befehlen Aschenputtel alles wieder zu sortieren.

In etwas abgewandelter Form eignet sich diese Strafe auch toll für deinen Sklaven. Du kannst ihm befehlen eine Schüssel Reis zu nehmen und diese auf dem Boden auszuschütten. Nun muss er auf die Knie gehen und nur mit Hilfe seiner Zunge alle Reiskörner wieder zurück in die Schüssel befördern. Seine Hände darf er dabei nicht zu Hilfe nehmen. Das kann eine ganze Weile dauern und ist – wenn er zeitweise mitten im Reis knien muss – auch mit der Zeit sehr schmerzhaft...

22. Seilhüpfen

Bei dieser Strafe muss dein Sklave sich sportlich betätigen. Er benötigt ein Springseil und ein paar Wäscheklammern.

Nun hat er sich vollständig zu entkleiden und muss die Wäscheklammern an von dir festgelegte Stellen platzieren. Das können z.b. die Hoden, die Brustwarzen, die Zunge oder der Penis sein.

Nun muss er anfangen zu springen. Wie oft bzw. wie lange er das aushalten muss bestimmst du. Durch das hüpfen ziehen die Klammern schmerzhaft an den jeweiligen Körperstellen und lösen sich eventuell nach einer gewissen Zeit von selbst.

Diese Strafe eignet sich wieder sehr gut dazu, sie über ein Video-Telefonat zu beobachten.

23. Beule in der Hose

Für diese Strafe wird eine größere Dosis Viagra (oder ein vergleichbares Mittel) benötigt. Dein Sklave hat die Dosis dann zu schlucken (bei der Dosierung unbedingt die Packungsbeilage beachten).

Anschließend kannst du ihm auftragen einkaufen oder spazieren zu gehen. Bereits nach kurzer Zeit wird sein Penis sehr steif werden und auch durch die Hose deutlich erkennbar sein. Dieser Zustand wird dann auch noch für die nächsten ein bis zwei Stunden anhalten. Wenn du ihm parallel noch heiße Nachrichten schickst oder mit ihm telefonierst, kann die Erregung nochmal gesteigert werden. Selbstverständlich ist es deinem Sklaven während dieser Zeit nicht erlaubt sich selbst zu befriedigen.

Risiken: Der Druck in der Hose kann schnell schmerzhaft werden und da jeder die Beule in der Hose sehen kann, besteht die Gefahr der Erregung öffentlichen Ärgernisses

24. Abwarten

Bei dieser Strafe handelt es sich um eine Zeitstrafe. Dein Sklave muss sich auf einen öffentlichen Ort, zum Beispiel eine Liegewiese im Sommer oder in einen Park begeben in dem viele Menschen unterwegs sind. Dann hat er sich in eine seltsame bzw. peinliche Stellung zu begeben. Das kann zum Beispiel eine der Stellungen aus dem Hundetraining sein. In dieser Stellung hat er dann eine gewisse Zeit einfach abzuwarten.

Eine mögliche Stellung kann zum Beispiel sein, dass er sich hinkniet, die Beine weit gespreizt und den Kopf auf dem Boden ablegt. Die Hände befinden sich neben dem Kopf und der Po ist nach oben gestreckt.

Damit wird er sicherlich einige verwunderte Blicke auf sich ziehen.

Zum Beweis hat er dir wieder ein Foto zu schicken auf dem er in der entsprechenden Pose und außerdem auch noch andere Menschen deutlich zu erkennen sind.

25. Die Matte

Bei dieser Strafe wird eine raue Matte aus Kokos, Kunststoff oder Sisal benötigt. Eine Fußmatte eignet sich normalerweise sehr gut dafür. Dein Sklave darf diese Matte nun für eine bestimmte – von dir festgelegte – Zeit nicht verlassen.

Er muss vollkommen entkleidet auf der Matte zu knien oder zu sitzen. Bereits nach kurzer Zeit wird die raue Matte sehr unbequem und die Füße, der Po oder die Knie fangen an weh zu tun. Dein Sklave darf sich jedoch so lange nicht bewegen, wie du es ihm befiehlst.

26. Tierspiel

Für diese Strafe wird ein Würfel benötigt. Dieser wird von deinem Sklaven gewürfelt und je nachdem welche Zahl dran kommt, muss ein bestimmtes Tier nachgemacht werden. Die Zahlen könnten zum Beispiel folgendermaßen verteilt werden:

1: Hund
2: Schwein
3: Katze
4: Affe
5: Frosch
6: Pferd
Diese Vorschläge sollen nur als Inspiration dienen, ihr könnt natürlich immer selbst entscheiden, welche Tiere nachgemacht werden sollen.

Hat dein Sklave gewürfelt, so muss er das entsprechende Tier möglichst authentisch nachmachen und sich dabei filmen. Das Ganze muss natürlich nackt geschehen. Das Video hat er dann in einem BDSM Forum zu posten. Um unerkannt zu bleiben, bietet es sich an, beim Video eine Maske zu tragen. Idealerweise eine Maske, die zum entsprechenden Tier passt.

27. Gummi

Für diese Strafe werden einige Haushaltsgummis benötigt. Diese hat dein Sklave dann entweder um seinen Fuß, oder aber um seinen erigierten Penis zu wickeln. Wenn die Gummis um den Fuß gewickelt werden, dann so, dass sie auf der Fußsohle zu liegen kommen.

Nun kann an den Gummis gezogen werden. Wenn man sie dann schnalzen lässt, erzeugt das einen feinen und stechenden Schmerz.

Wie viele Gummis benutzt werden müssen und oft dein Sklave sich auf diese Weise bestrafen muss, bestimmst wieder allein du.

28. Klebeband

Dein Sklave muss sich zur Strafe seinen Penis mit Klebeband umwickeln. Das kann sowohl im erigierten als auch im schlaffen Zustand geschehen. Wenn der Penis im schlaffen Zustand umwickelt und dann gereizt wird, dann verhindert das Klebeband, dass er steif wird. Das kann durchaus auch etwas schmerzhaft werden.

Wird der Penis im steifen Zustand mit Klebeband umwickelt, dann löst sich das Band langsam und ein bisschen unangenehm von der Haut, wenn er wieder schlaff wird.

Zum Beweis hat er dir Fotos zu schicken oder aber er führt die Aufgabe während eines Video-Telefonats aus und du kannst ihm live dabei zusehen.

29. Spanking

Für diese Strafe braucht dein Sklave zwei verschiedene Schlaginstrumente. Das müssen nicht unbedingt Peitschen oder Gerten sein, sondern es können auch ganz normale Alltagsgegenstände benutzt werden. Beispiele hierfür sind:

- Kochlöffel
- Gürtel
- Tischtennisschläger
- Holzbrett
- Meterstab
- ...

Die gewählten Gegenstände muss dein Sklave dann benutzen, um sich selbst zu schlagen. Und zwar darf er sich mit dem einen Gegenstand nur auf die rechte Seite z.B. auf den rechten Oberschenkel schlagen und mit dem anderen nur auf die linke Seite, also z.B. den linken Oberschenkel. Die Schläge müssen so kräftig sein, dass ein deutlicher Abdruck und eine Rötung zu sehen sind. Am Ende müssten dann zwei verschiedene Abdrücke von den beiden unterschiedlichen Schlaginstrumenten erkennbar sein.

Dein Sklave hat dir dann ein Beweisfoto zu schicken. Kannst du gleich erkennen, welches Instrument auf welcher Seite benutzt wurde?

30. Glatze

Bei dieser Strafe muss sich dein Sklave sämtliche Kopfhaare entfernen. Am Ende hat er dann eine saubere Glatze. Er kann dir entweder nur vom Ergebnis ein Foto schicken, oder du befiehlst ihm, das ganze live während eines Video-Telefonats zu machen.

Diese Strafe eignet sich für ein größeres Vergehen, da die Dauer längere Zeit anhält und die Haare nur langsam nachwachsen.

31. Wäscheklammer

Für diese Strafe werden ein paar Wäscheklammern benötigt. Dein Sklave hat sich die Wäscheklammern nun an verschiedene, von dir ausgewählte Körperstellen zu befestigen. Das können zum Beispiel:

- Brustwarzen
- Hoden
- Zunge
- Penis
- Pobacken
- ...

sein. Wie lange die Wäscheklammern dort bleiben müssen bestimmst wieder mal nur du.

Als Beweis muss dir dein Sklave anschließend ein Foto schicken.

32. Klebeband die Zweite

Bei dieser Strafe muss sich dein Sklave an bestimmte Stellen ein gut haftendes Klebeband ankleben. Alternativ können hier auch Kaltwachsstreifen benutzt werden.

Gut geeignete Stellen sind z.B.:

- Achselhöhlen
- Hoden
- Oberschenkel
- Schambereich

Das Klebeband oder der Kaltwachsstreifen wird anschließend gut festgestrichen und dann entweder in einer schnellen Bewegung oder quälend langsam abgezogen. Am besten lässt du ihn die Strafe während eines Video-Telefonats durchführen.

Risiken: Eventuell Hautirritationen

33. Steinchen in den Schuhen

Befehl deinem Sklaven, sich Kieselsteine oder Reis oder ähnliches in die Schuhe zu füllen. Am Anfang wird es ihm nicht so viel ausmachen, aber je länger er darin laufen muss, umso größer werden die Schmerzen. Und bei jeden Stechen und Piksen wird er an dich denken müssen und daran, wie er dich enttäuscht hat. Das wird ihm dann hoffentlich eine Lehre sein.

Risiken: Es besteht das Risiko von kleinen Verletzungen oder Blasen an den Fußsohlen

5   Wiedersehen macht Freude…

Nach jeder Zeit der Trennung folgt auch Wiedersehen. Und das ist ohne Frage in jeder Beziehung ein schöner Moment. Und auch du und dein Sklave habt die Zeit der Entbehrungen, des Verzichts aber auch der neuen Erfahrungen erfolgreich gemeistert und könnt euch – endlich – auch wieder körperlich nahe kommen. Also genießt die Zeit und macht das Beste daraus.

Ich hoffe, diese kleine Ideensammlung für Aufgaben und Strafen für eine BDSM-Fernbeziehung hat es geschafft, dich zu inspirieren und vielleicht hast du ja Lust bekommen, das ein oder andere mit deinem Partner auszuprobieren. Wenn du dich für die Welt des BDSM und des Femdom begeistern konntest, dann freue dich auf eine ganze Welt, die nur darauf wartet, von dir entdeckt zu werden. Es gibt noch so viel zu lernen, zu sehen und zu erleben. Viel Spaß beim Ausprobieren!